Introduction

Pour donner à son jardin un côté vraiment magique, la beauté des plantes, leur agencement en fonction de l'harmonie des tailles et des coloris ne suffisent pas ; il faut que s'y ajoute le parfum. Les plantes odoriférantes exercent en effet un pouvoir envoûtant. Le parfum s'inscrit si profondément dans la mémoire qu'il est capable de ressusciter avec force le passé le plus lointain. Comme une saveur sur la langue évoquait à Proust des scènes précises de son enfance, certaines odeurs vous ramènent parfois bien loin en arrière dans le temps...

Tout le monde se souvient d'avoir été enivré par l'exhalaison des sureaux ou des troènes en fleur le long des routes, de l'odeur des mimosas sur les chemins de Provence, de celle de la glycine revêtant le mur du voisin, du jasmin ornant une tonnelle, d'un champ de narcisses ou de jacinthes sauvages. Le parfum fait partie intégrante d'un jardin. C'est donc un aspect à ne pas négliger, et il est très facile de créer le sien en choisissant de préférence certaines plantes odoriférantes et en les panachant avec d'autres qui ne le sont pas. Il dégagera une atmosphère plus romantique. Certes, les plantes les plus parfumées exhalent leur senteur au printemps, certaines le soir, d'autres le matin. Mais il est possible d'en choisir quelques-unes, selon les époques de l'année, et de les agencer de façon à obtenir un parfum embaumant discrètement le jardin jusqu'au cœur de l'hiver.

Ce petit ouvrage traitera d'un certain nombre de ces plantes, parmi lesquelles il vous faudra faire un choix, de leur histoire, de la façon de les planter. Leur association dans le paysage selon les saisons, en fonction de leurs couleurs et de leur parfum dépendra de votre goût et du plaisir que vous escomptez de votre jardin.

Les plantes odorantes du jardin

Toutes les plantes ne sont pas odoriférantes. Un certain nombre le sont, qu'elles poussent à l'état sauvage ou qu'elles soient cultivées.

Parmi celles-ci se trouvent des fleurs printanières et estivales très courantes telles la violette, le narcisse, le coucou, la pivoine, le pois de senteur, le lis, le chrysanthème ; les plantes aromatiques bien connues comme la menthe, le romarin, la sauge ; et de nombreux arbustes, dont le chèvrefeuille, le troène, le jasmin, la glycine, la lavande, le seringat, le lilas, l'abélia. Et bien évidemment le rosier, qui donne les fleurs les plus appréciées de toutes. Ces plantes forment les bases d'un beau jardin qu'on espère voir fleuri en toute saison.

Il n'est pas évident de comprendre l'origine du parfum des plantes : protection contre les herbivores et certains insectes nuisibles, ou moyen de séduction lié à la fécondation ? Certaines attirent et d'autres repoussent. Il n'est pas plus aisé de décrire un parfum, cette chose immatérielle subtile et fluctuante.

Chez certains végétaux, ce sont les feuilles qui embaument naturellement ou lorsqu'on les froisse : arôme tonique et frais pour la menthe, citronné pour la citronnelle, la mélisse et quelques géraniums ; balsamique pour le laurier ; miellé pour la glycine et le jasmin ; entêtant et fruité pour le troène, le seringat et le sureau ; épicé pour la viorne d'hiver ; anisé pour le fenouil, etc.

Chez d'autres, ce sont les fleurs qui s'entourent d'un voile de parfum, lequel, parfois, porte loin : odeur fruitée des pois de senteur ; épicée du tabac d'ornement ; poivrée de l'œillet ; de jasmin mêlé d'orange du narcisse ; de miel et de rose des pivoines et des lis. On détecte même des senteurs résineuses, de pomme, d'amande, voire de chocolat (notamment chez le cosmos pourpre)...

Ainsi chaque plante a-t-elle son parfum bien spécifique mêlé de nuances qui l'apparentent à d'autres effluves, avec plus ou moins de force, si bien que déjà naturellement, l'ensemble des arômes exhalé par le jardin et porté par la brise constitue un tout harmonieux en plein air.

Choisissons les arbustes à fleurs ou à feuilles odorantes dont l'importance est capitale dans la structure d'un jardin, en jouant sur leur caractère persistant ou caduc.

Les arbustes odoriférants

Le rosier (*Rosa gallica*)

Commençons par la rose. Comment imaginer un jardin de senteur sans sa présence, sans son parfum délicieux ? La gamme en est aussi nuancée que celle des crus... Il faudrait un « nez » pour la décrire.

La première rose, originaire d'Asie où elle est connue depuis cinq mille ans, est née d'un croisement avec l'églantier sauvage (*Rosa canina*). On lui donna le nom *Rosa* × *damascena*, rose de Damas. Cette rose ancienne au parfum oriental très capiteux fleurit encore en Turquie, au Liban et au Maroc – cultivée en haies dans la vallée du Dades au pied de l'Atlas, on la récolte toujours pour alimenter l'industrie du parfum de Grasse.

Rapportée en France à son retour de croisade par Thibaud de Champagne, elle fut baptisée par Linné *Rosa gallica*, aussi nommée « rose de Provins », ville où on l'implanta avec grand succès. Cette fleur d'une belle couleur rouge velouté et au parfum enivrant, rustique et résistante, se trouve à l'origine de toutes les roses anciennes (dont les roses anglaises) et des innombrables roses actuelles, résultats de croisements incessants visant à les rendre toujours plus belles, plus résistantes, plus florifères, s'adaptant aux besoins de l'acheteur sous toutes les formes : rosier remontant, buisson, rosier pleureur, rosier-tige, rosier nain ou couvre-sol. Et déclinées sous les couleurs les plus variées, allant du blanc pur au rouge-noir en passant par le crème, le jaune vif, l'orangé, toute la gamme des roses, des rouges, et des bicolores – qu'elles soient ou non parfumées. Car nombreuses sont ces roses modernes, hybrides, qui ont perdu en parfum ce qu'elles ont gagné en beauté. Cela dit, il en existe aujourd'hui quelque quarante mille variétés...

Parmi les *Rosa gallica*, on peut citer pour les plus parfumées : 'Belle Isis', obtenue par Parmentier en 1845, aux nombreux pétales rose tendre, enroulés autour du cœur en forme de coupe bien pleine à la fragrance épicée. Son feuillage est petit, vert clair, en dents de scie. Elle demande un sol riche. 'Yolande d'Aragon', à grandes fleurs pourpres doubles et plates se détachant sur un feuillage sombre, est remarquable par son parfum savoureux. 'Agathe' porte des fleurs blanc rosé, pleines, très parfumées, non remontantes. 'Mme Hardy', dédiée à sa femme par Eugène Hardy qui la cultiva à partir de *Rosa centifolia*, dont les nombreux pétales blancs s'enroulent vers l'extérieur, exhale une forte odeur fruitée.

Sont généralement très odorantes les roses de Noisette : 'Blush Noisette' aux petits bouquets roses épicés, 'Gloire de Dijon', très beau rosier grimpant portant de magnifiques fleurs abricot au parfum exquis, et les hybrides de Noisette avec les rosiers thé : 'Devoniensis', superbe arbuste grimpant aux fleurs en grandes corolles à pétales charnus très odorants, 'Thisbe' à fleurs jaune paille au parfum puissant...

Et ce n'est qu'un bref choix parmi les roses anciennes.

En ce qui concerne les roses modernes, les horticulteurs Delbard ont créé quelques variétés à grand parfum ('Grand Siècle', 'Claude Monet', 'Tendresse', 'Le Rouge et le Noir', 'Crêpe de Chine'...).

Les arbustes odorants sont une aubaine pour le jardin. Les grimpants recouvrent et cachent ce qui doit être dissimulé au regard, mettent en valeur un vieux mur, un portail, une tonnelle. Les autres, soit isolés sur une pelouse, soit astucieusement regroupés par espèce ou mêlés à d'autres espèces, les hydrangéas, placés au pied d'arbres plus grands ou à mi-hauteur d'un mur, donnent de la profondeur au jardin.

Le seringat (*Philadelphus coronarius*)

Cet arbuste de petite taille, allant de 1 m à 1,50 m, est une merveille dans un jardin. La fleur simple du seringat se compose de quatre pétales d'un blanc pur – parfois crème, légèrement ourlés et formant un carré dont le cœur est un petit buisson d'étamines jaune vif. Ses rameaux sont dressés et abondamment fleuris en mai-juin, et tout l'arbuste dégage un exquis parfum de miel et d'oranger.

L'espèce parfumée arriva d'Amérique en Europe au début des années 1800 et intéressa d'emblée des jardiniers remarquables (dont le pépiniériste lorrain Victor Lemoine) qui se passionnèrent alors pour la création d'hybrides.

Il en existe aujourd'hui une quarantaine d'espèces et plus d'une centaine de cultivars. On doit à Lemoine des arbustes magnifiquement florifères à fleurs doubles, et même triples. Très beaux, mais peu ou pas du tout parfumés.

On trouve cependant 'Aureus', une variété à feuilles dorées, et 'Variegatus', à feuilles panachées bordées de blanc, qui dégagent un parfum puissant et fruité. La variété hybride 'Silberregen' produit de grandes fleurs simples qui embaument la fraise. 'Dame blanche' dégage aussi un parfum sublime. 'Erectus', très florifère, à petites fleurs blanches, sent la banane...

La glycine (*Wisteria floribunda*)

Elle fait partie de la famille des pois de senteur et son parfum printanier, suave et envoûtant, y est comparable.

C'est une liane grimpante aux longues grappes pendantes et odorantes en mai, dont l'odeur et la couleur s'apparentent à celles de la violette. Elle fut rapportée de Chine en 1687 par le père jésuite Parennin. Plantée au jardin, elle lui donne un aspect très romantique et, comme elle peut devenir centenaire, le lieu où on l'installe est très important. Elle grimpera seule pour recouvrir joliment une pergola ou une tonnelle, ou même un vieil arbre. Mais si vous la palissez contre un mur, il faudra la soutenir avec des crampons pour lui permettre de grimper. Évitez de la laisser s'enrouler aux barreaux d'une grille ou d'un portail qu'elle pourrait aisément tordre.

Il en existe de deux sortes : *Wisteria floribunda* ou glycine du Japon, aux longues grappes violettes, roses ou blanches selon les variétés et *Wisteria sinensis* ou glycine de Chine, très vigoureuse, aux grappes plus courtes, bleues ou blanches. Leur parfum un peu différent est affaire de goût.

Si elle ne fleurit qu'une quinzaine de jours, éparpillant joliment ses pétales en tapis mauve sur le sol, elle perd ses feuilles en hiver, ne conservant que son lacis de grandes branches.

Le chèvrefeuille (*Lonicera caprifolium*)

C'est l'une des plantes ligneuses les plus sympathiques du jardin. Elle émet, surtout le soir, un parfum intense et fruité ponctué de notes plus épicées, véritable délice olfactif.

Poussant librement dans la nature, en bordure de sous-bois, dans les clairières, cette plante grimpante résistante et vigoureuse enroule ses volutes aux buissons environnants. À l'aisselle des feuilles arrondies d'un vert tirant sur le bleu s'épanouissent des bouquets de petites fleurs élégantes et légères en forme de trompette éclatée, de teinte crème, rosée, jaune, parfois carminée, d'où émergent de longues étamines. Elles attirent de nombreux insectes butineurs. Cultivé très facilement dans un jardin, le chèvrefeuille se mêle aisément aux haies et aux autres arbustes, grimpant allégrement. Si vous voulez le placer dans un endroit précis – qui ne soit pas un arbre à coloniser avec grâce – il faut lui donner les moyens de s'accrocher (un grillage, une palissade, un treillage).

La famille du chèvrefeuille est nombreuse et certaines espèces ne sentent rien.

Nous n'en parlerons pas ici, mais faites attention lors de l'achat. *Lonicera periclymenum,* chèvrefeuille des bois et des haies, offre 'Graham Thomas', l'une de ses variétés à grandes fleurs (5-6 cm), épanouie en gros bouquets tout l'été, dont le parfum puissant est perceptible à distance.

Lonicera japonica 'Halliana', très florifère également, présente des fleurs blanches qui deviennent crème en vieillissant, au parfum doux et fruité. Elles s'épanouissent de mai aux gelées. On conseille *Lonicera caprifolium* pour ses chèvrefeuilles à fleurs rouges ou roses dont l'odeur est fruitée, *Lonicera japonica* var. *chinensis* pour son feuillage rougeâtre et son parfum piquant et épicé.

Mais les plus étonnantes et les plus intéressantes sont les espèces qui s'épanouissent au cœur de l'hiver : *Lonicera fragrantissima* et *Lonicera standishii* ainsi que la sélection d'hybrides 'Winter Beauty' produisent d'innombrables petites fleurs blanc crème au parfum sucré et entêtant.

Il est intéressant de planter plusieurs arbustes groupés pour bénéficier tout au long de l'année de leurs couleurs et de leurs odeurs.

Le lilas (*Syringa vulgaris*)

Originaire du sud-est de l'Europe et de l'ouest de l'Asie, ce grand classique de nos jardins cultivé en France depuis le XVIe siècle y est toujours présent et fidèle. C'est un arbuste facile à vivre qui se reproduit spontanément par drageons souvent envahissants.

Ses petites fleurs groupées en épis serrés se dressent au milieu de rameaux à feuilles très vertes en forme de cœur. Le parfum qu'elles dégagent est délicieux : épicé, poivré avec des notes âpres ou très fruitées, ressemblant au parfum du troène et particulièrement puissant. Lorsque les lilas fleurissent, en avril-mai, ils embaument tout le jardin.

Parmi les lilas communs, les variétés anciennes sont toujours les plus odorantes.

Il existe des variétés à fleurs simples à quatre pétales, telles 'Jeanne d'Arc' et 'Vestale', toutes deux à fleurs blanches, 'Charles X' à fleurs pourpres, 'Primrose' à fleurs crème. Et des variétés classiques à fleurs doubles : 'Condorcet' à doubles fleurs violettes, 'Mme Lemoine' à doubles fleurs blanches, 'Katherine Havemayer' de teinte lavande. Mais les variétés récentes d'obtention française sont également bien parfumées. On conseille 'Princesse Sturdza' à fleurs doubles de couleur mauve, 'Prince Wollonsky' à fleurs doubles roses et 'Comtesse d'Harcourt' à fleurs simples d'un blanc pur.

Les lilas botaniques – lilas de Perse, *Syringa* × *persica*, et lilas de Chine, *Syringa* × *chinensis* – forment de grosses masses de petites fleurs serrées à odeur épicée. Mais il existe une excellente variété à fleurs bleues : le *Syringa microphylla* 'Superba' dont la floraison est abondante et parfumée, et qui a la propriété, unique chez cette espèce, de refleurir en septembre. On doit citer également les lilas d'origine américaine, de 'Miss Preston', qui fournissent de très grands épis de fleurs plus tardives que celles des lilas communs, à 'James MacFarlane' aux fleurs d'un rose soutenu, 'Nocturne' aux fleurs bleues, ainsi qu''Elinor' aux fleurs lavandes, 'Coral' aux fleurs rose orangé, et 'Isabella' pourpre foncé – variétés spectaculaires aux senteurs plus faibles, mais plus exotiques.

Le jasmin (*Jasminum officinale*)

Cette plante à petites fleurs blanches étoilées exhale un pafum chaud et vanillé assez entêtant. Elle s'est bien acclimatée dans le sud de la France où on la cultive pour la parfumerie. Elle nous viendrait d'Asie *via* la Perse et aurait été introduite chez nous vers les années 1500.

C'est un arbuste volubile dont les branches anguleuses s'enroulent mal autour d'un support et ont donc besoin d'être palissées. Il en existe de nombreuses espèces qui ne s'acclimatent pas toutes dans nos jardins.

La plus courante, le jasmin officinal, est l'espèce cultivée la plus odorante et la plus résistante, capable de supporter un gel léger. C'est aussi celle qui a la plus longue floraison.

En été et jusqu'en automne, ses boutons rosés s'ouvrent en étoiles d'un blanc pur réunies en bouquets à l'extrémité des pousses et des rameaux. Le feuillage léger est vert tendre. Le jasmin d'Espagne, variété 'Affine', possède des corolles blanches à extérieur

rose plus grandes et plus nombreuses, également très parfumées. La variété 'Aureum' se pare d'un feuillage panaché d'or.

C'est une plante qui a besoin de chaleur et de soleil pour que ses fleurs embaument, mais qui pousse relativement bien dans les régions au nord de la France si elle se trouve protégée des vents froids, quoique ses fleurs restent malgré tout un peu moins parfumées. Mais il existe aussi un jasmin d'hiver, *Jasminum nudiflorum*, qui fleurit jaune de novembre à février. On réserve aux régions chaudes le *Jasminum polyanthum* aux fleurs blanches printanières très odorantes.

La lavande (*Lavandula angustifolia*)

Elle évoque le Midi, la géométrie des champs violets à perte de vue, et bien sûr une odeur unique... La lavande dite « vraie » est un arbuste d'origine méditerranéenne connu depuis la nuit des temps.

C'est une plante vivace, aux feuilles étroites gris argenté, aux tiges ligneuses dressées, terminées par des épis allongés et de minuscules petites fleurs d'un bleu léger poudré qui lui donne son nom, ou d'un bleu vif, d'un rose clair, d'un violet foncé. Les parfums varient eux aussi.

C'est l'espèce qui se trouve à l'origine de quelques variétés cultivées pour le jardin. On conseille 'Hidcote Blue', très rustique et aux épis violet très foncé, 'Munstead', aux épis bleu soutenu et, pour les lavandes roses et blanches, 'Loddon Pink' et 'Edelweiss'.

Créer des massifs avec ces différentes espèces peut donner quelque chose de fort joli. Il existe une autre espèce de lavande nommée aspic : *Lavandula latifolia*, quelque peu différente de la lavande vraie dans son aspect, car elle a des feuilles plus larges, et dans sa composition chimique. On en extrait une essence très utilisée en parfumerie. Mieux vaut réserver aux jardins du sud de la France cette lavande qui a besoin d'énormément de soleil. Les autres lavandes, comme la lavande papillon aux grosses fleurs spectaculaires dégageant un parfum plus balsamique et la *Lavandula lanata*, assez fragiles, ne sont pas recommandées pour les jardins.

L'aubépine (*Crataegus laevigata*)

Originaire de l'hémisphère Nord, c'est un arbuste champêtre, caduc, épineux, dont la floraison blanche est éclatante et parfumée au printemps. Il est également intéressant dans le jardin pour le côté décoratif de son feuillage qui rougit à l'automne et de ses baies rouges, bleues ou jaunes.

Toutes les espèces sont très rustiques et se contentent de terre médiocre.

On conseille *Crataegus laevigata* dont les fleurs sont, début mai, d'un rose intense. 'Paul Scarlet' aux fleurs très doubles, rouge vif en mai-juin, résiste au feu bactérien qui est en général le principal ennemi de cette espèce dans les régions où il sévit, comme les variétés nouvellement découvertes 'Dart's Gold' et 'Dart's Red' ; 'Crimson Cloud' à fleurs simples rouges dont le cœur est blanc, *Crataegus coccinea* aux fleurs blanches groupées en bouquets et aux baies écarlates.

Le buddleia (*Buddleia davidii*)

Les graines de cet arbuste furent ramenées de Chine par un certain père Soulié, déguisé en marchand, qui le dédia à un botaniste britannique, le père David Buddle. En le cultivant au Muséum national d'histoire naturelle et en arboretum, on s'aperçut de la vitalité de la plante, capable de coloniser n'importe quel terrain. De fait c'est un bel arbuste caduc, facile à vivre, que l'on trouve encore dans les vieux jardins. Ses longues branches souples s'arquent joliment, lui donnant une allure de pleureur, et se couvrent en été de panicules de petites fleurs violettes ressemblant à celles du lilas, et comme elles extrêmement parfumées d'un arôme de miel qui attire irrésistiblement les papillons. Les feuilles sont de forme ovale allongée, d'un vert assez doux.

L'espèce la plus connue est *Buddleia davidii* mais il existe de nombreux cultivars aux couleurs variées : 'Black Knight' d'un violet très foncé, 'Île-de-France' et 'Empire Blue' au cœur jaune orangé, 'White Profusion' complètement blanc.

Le mimosa (*Acacia dealbata*)

Ce sont les Anglais qui ont rapporté d'Australie ce merveilleux arbuste ensoleillé destiné à orner leurs jardins de la Côte d'Azur. Il est caduc, fleurit d'octobre à mars en

portant des grappes de petits pompons duveteux au parfum de vanille, délicats et poudrés. Les feuilles persistantes sont finement découpées. Si l'*Acacia dealbata* – celui des fleuristes – est le plus connu, il existe de nombreux cultivars. On conseille 'Mirandole', 'Gaulois', 'Mireille' aux pompons plus gros qui s'épanouissent en fin d'hiver. Il existe également un mimosa des quatre saisons, *Acacia retinoïdes*, à feuilles de saule, qui fleurit de juillet à décembre. Il ne se plaît que sous les climats doux et très ensoleillés, comme le Midi et quelques coins au climat privilégié de l'Ouest atlantique, mais il est à exclure ailleurs, à moins d'être à l'abri d'une serre.

La viorne (*Viburnum carlesii*)

C'est encore un arbuste originaire d'Asie, très facile à vivre, qui se contente d'un sol neutre bien drainé et d'un soleil modéré. Son aspect naturel et sauvage le rend sympathique et l'intègre bien dans nos jardins.

Le genre *Viburnum* comprend plus de cent espèces caduques ou persistantes, et si elles sont toutes décoratives, de par la forme et la couleur de leur feuillage et de leurs fruits, toutes ne sont pas intéressantes pour leur parfum. Notre choix se porte sur les viornes parfumées en hiver lorsque la nature est endormie et au printemps lorsqu'elle éclate dans toute sa splendeur. Car quel plaisir par temps froid de flairer les effluves de fleur d'oranger, de vanille, d'amande et de girofle mêlés, que la brise promène et nous offre à sentir le temps d'une promenade...

Sur les branches encore dénudées par l'hiver se groupent les bouquets de petites fleurs blanches au parfum épicé de 'Charles Lamont', variété de la viorne de Bodnant. *Viburnum farreri* (ou *Viburnum fragrans*), elle, épanouit ses corolles roses ou blanches dès octobre et maintient tout l'hiver sa floraison au parfum poivré de giroflée. Pour le printemps, on conseille la viorne de Carles aux jolis boutons roses s'ouvrant en corolles d'un beau blanc pure qui exhale un parfum assez prenant.

Quelques autres espèces sont couramment cultivées, parmi lesquelles les variétés hybrides de *Viburnum* × *burkwoodii,* à fleurs parfumées et à feuilles persistantes mais peu rustiques.

Le laurier (*Laurus nobilis*)

C'est un arbrisseau originaire d'Orient aux feuilles toujours vertes et luisantes qui exhalent un parfum puissant lorsqu'on les froisse, aux petites fleurs jaunes odorantes et aux drupes noires très aromatiques, de la taille de petites cerises. Son histoire glorieuse remonte à l'Antiquité ; dans un jardin, il est précieux, non seulement parce qu'il est vert toute l'année, mais aussi parce que sa présence est indispensable dans de nombreuses préparations culinaires. Seul le type est cultivé.

Le troène (*Ligustrum japonicum*)

Ce grand classique des haies persistantes nous vient d'Asie. Il se contente d'une bonne terre de jardin et le seul travail qu'il exige est une taille rigoureuse au printemps et en automne. Ses petites feuilles sont d'un vert assez doux. Ses grappes de fleurs blanches dégagent de juillet à septembre un parfum miellé entêtant qui attire les insectes butineurs. La variété 'Aureum' présente des feuilles panachées de jaune d'or.

Le sureau noir (*Sambucus nigra*)

Cet arbuste très commun, assez haut (2 à 3 m) et envahissant n'importe quel sol est connu pour ses grappes de baies noires en petits grains ronds, à partir desquelles les amateurs font une gelée au goût douceâtre.

Elles succèdent en automne à des fleurs blanches s'étageant en larges grappes extrêmement parfumées et mellifères, qui attirent les abeilles. Son seul entretien est la taille afin de limiter sa croissance et des

pulvérisations d'eau savonneuse contre les pucerons au printemps. Le type a donné naissance à quelques variétés à feuilles panachées de blanc comme 'Aurea' ou tachées de pourpre, comme 'Purpurea'.

L'abelia (*Abelia x grandiflora*)

C'est un arbuste intéressant pour les jardins en hiver car son feuillage persistant, vert foncé l'été, se colore de pourpre. Ses très nombreuses fleurs blanc rosé exhalent un délicat parfum de juillet à octobre. La plante n'est pas exigeante sur la nature du sol, qu'elle préfère plutôt léger et, si elle apprécie le plein soleil, elle accepte volontiers la mi-ombre. Elle se conduit en haie libre ou taillée. On conseille aussi l'hybride 'Édouard Goucher' dont les branches basses retombantes sont chargées de fleurs rose lilas le temps de la floraison.

Les fleurs parfumées

Elles sont la composante principale d'un jardin d'agrément, et il en existe un tel nombre que le choix se révèle quasi impossible. Mais il faut déjà choisir entre les persistantes et les annuelles, entre celles qui sont parfumées et les autres. Voici une sélection de fleurs parfumées.

La pivoine (*Paeonia lactiflora*)

Après les roses, voici la fleur qui me semble indissociable de la beauté d'un jardin : la pivoine de Chine. Comme la rose, c'est une fleur magnifique et, comme la rose, on l'aime parfumée. C'est une herbacée aux belles fleurs pleines dont on dénombre environ trente-cinq espèces, simples ou doubles. Celles qui sont parfumées sont généralement blanches ou roses. Leur odeur rappelle, en plus léger, celle des roses. Portés par de hautes tiges fermes, les gros boutons vont s'épanouir en fleurs larges de 20 cm. On trouve parmi les plus connues la blanche 'Festiva Maxima' et 'Alesia' qui est blanc crème. Certaines embaument le miel, comme 'Baronne Schroeder' ou 'Duchesse de Nemours'. Les rouges doubles 'Rubra Plena' et 'Adolphe Rousseau' offrent un parfum plus alcoolisé, mais celui de 'Bowl of Beauty' s'avère plus léger.

Les pivoines ont besoin de grand soleil pour fleurir en abondance. Elles se plaisent dans une bonne terre de jardin, juste assez riche et bien drainée. On les met en place le plus tôt possible à la fin de l'été si on veut les voir fleurir au printemps suivant.

Le pois de senteur (*Lathyrus odoratus*)

C'est une petite fleur exquise au magnifique parfum d'une douceur fruitée véritablement envoûtante.

Elle arrive d'Italie au XVIIIe siècle et se voit aussitôt adoptée par les Britanniques, qui vont en raffoler. Henry Eckford, jardinier de Sandywell, commence dès 1850 à croiser quelques variétés connues dont il obtient des fleurs beaucoup plus grosses. Puis les Américains s'intéressent à la plante et la cultivent intensément. La création de la race des Spencer (pois aux pétales de soie chiffonnée) a été obtenue par Silas Cole, leur jardinier. On conseille parmi les pois de senteur d'aujourd'hui 'Antique Fantasy', 'Royal' et la variété naine 'Cupid' qui allient la couleur au parfum.

Les fleurs du pois de senteur ressemblent à des papillons légers de couleurs vives et douces et sont perchées au bout de longs pédoncules. La plante est une sorte de liane grimpante annuelle qui s'accroche par de petites vrilles terminant les feuilles. On sème les graines de manière échelonnée afin d'étaler la floraison.

Et il est bon de leur donner un support : grillage ou treillis d'environ 2 m de haut, pour les aider à grimper. Elles se ressèment chaque année. Le pois vivace à fleurs monochromes blanc violacé ne dégage, lui, aucun parfum.

Le narcisse (*Narcissus poeticus*)

La fragrance du narcisse, un peu musquée, évoque un mélange de jasmin et d'oranger. La fleur de l'espèce la plus jolie, le narcisse des poètes, est une grande corolle à pétales d'un blanc pur partant d'une petite couronne orangée au cœur vert. La tige est droite. C'est la variété la plus parfumée mais aussi la plus tardive. Ses hybrides 'Sinopel' et 'Green Pearl' dégagent un délicieux parfum où se mêle des effluves de fleur d'oranger et de jasmin avec une pointe de muguet. Issu de la jonquille, le narcisse se décline en nombreuses variétés de formes et de coloris, et certaines sont plus précoces.

On conseille *Narcissus × odorus* qui ressemble beaucoup à la jonquille, à grande fleur double, très belle et très parfumée. Et les variétés hybrides 'Trevithian' ou 'Sweetness' dont un groupe de cinquante bulbes suffit pour embaumer de senteur d'oranger tout un coin de jardin.

Le lis (*Lilium candidum*)

Voici l'une des plus belles fleurs de nos jardins. Une longue tige écailleuse sur laquelle se regroupent presque au sommet des fleurs en forme de trompette d'un blanc immaculé, s'évasant sur un pistil jaune d'or. Son parfum est inoubliable. Planté en septembre, le bulbe produit ses premières feuilles avant l'hiver. Il se décline en plusieurs espèces, dont le lis royal *Lilium regale* au parfum de jasmin, le lis rose 'Pink Perfection' et le jaune 'African Queen', moins parfumés mais superbes.

La violette (*Viola odorata*)

Cette ravissante petite fleur violet foncé émergeant de ses feuilles en forme de cœur embaume nos talus au tout début du printemps. Elle pousse aussi parfaitement dans nos jardins. Vous pouvez tenter d'en rapporter de la campagne en décollant quelques touffes avec leurs stolons et l'installer chez vous après avoir bien préparé un bout de terrain humifère et frais. Sinon, vous trouverez des plants en godet à repiquer. On conseille 'La France' à grandes fleurs violettes ou 'Cendrillon', toutes deux au parfum puissant. Lorqu'elles auront repris de la vitalité, elles se propageront rapidement chaque année en étendant leurs stolons à la manière des fraisiers.

La jacinthe (*Hyacinthus orientalis*)

Originaire de la Méditerranée orientale, cette fleur se présente en grappes régulières de fleurs d'un bleu intense dressées au-dessus de feuilles pointues, vernissées. La variété blanche se nomme 'Alba'. Son parfum aux tonalités de jasmin est intense et prenant.

Il semblerait que les variétés modernes soient un peu moins odorantes. On conseille dans les classiques 'Delft Blue' d'un beau bleu soutenu, 'King of the Blues' indigo foncé, 'Anne-Marie' et 'China Pink' rose intense et 'Carnegie' d'un blanc pur.

Le phlox (*Phlox sp.*)

Cette fleur vivace sans problème qui possède des coloris très doux – blanc, rose pourpre et violet – est une véritable aubaine pour le jardin. Elle mesure de 80 à 150 cm, et constitue de superbes plates-bandes qui embaument et fleurissent longtemps. On conseille quelques espèces : *Phlox maculata* aux panicules pourpres et violettes ; *Phlox carolina* d'un blanc pur ou rose.

La fraxinelle (*Dictamnus albus*)

C'est une superbe fleur vivace blanche ou rose. Fleurs et feuilles dégagent une odeur prenante citronnée qui s'échappe lorsque le temps est chaud.

Elle met quelques années à s'installer et à se développer comme il convient mais ne demande aucun entretien. Plantez-la simplement en plein soleil dans une bonne terre de jardin, et armez-vous de patience.

Les plantes aromatiques

Elles sont incontournables dans un jardin. On trouve toujours un coin pour elles : une petite plate-bande le long d'un mur plein sud au pied d'un rosier grimpant, par exemple. Pour les grands classiques : thym, romarin, menthe, basilic, estragon, cerfeuil que vous trouverez plus loin en fiches. On froisse quelques feuilles qu'on respire en passant. Certaines de celles citées ici, de forme arbustive, se mélangent parfaitement à d'autres arbustes.

La citronnelle (*Aloysia triphylla*)

C'est un petit arbuste aromatique originaire de l'Amérique latine, couramment appelé « verveine-citronnelle ». Peu rustique, il se plaît néanmoins dans les terres de jardin, bien placé au soleil à l'abri du vent. Il est gélif à – 5 °C, mais on peut pailler le pied. Si par malchance il gèle, coupez les rameaux et il repartira du pied au printemps ; de toute façon, il faut le tailler sévèrement chaque année pour provoquer la croissance des pousses nouvelles. Ses feuilles sont allongées et pointues d'un joli vert transparent, et

ses fleurs petites et blanches. Le parfum des feuilles froissées est absolument exquis. On utilise ses feuilles fraîches ou séchées dans les infusions et la cuisine. C'est une plante qui repousse les moustiques : on en fabrique l'essence du même nom.

La rue (*Ruta graveolens*)

C'est une plante vivace semi-arbustive d'un charme peu commun, dont l'odeur balsamique très prenante repousse les insectes et certaines personnes (attention, la rue est non comestible et toxique). Ses fleurs sont jaunes au printemps et son feuillage persistant d'un bleu très décoratif, surtout celui de la variété 'Jackman's Blue' encore plus intense. 'Variegata' présente un feuillage panaché bleu et crème très plaisant.

Il faut la planter en plein soleil dans une terre bien drainée, voire caillouteuse.

Le fenouil (*Foeniculum vulgare*)

Vivace, la plante est magnifique, haute sur des tiges raides vertes et blanches entourées d'un nuage vaporeux vert tendre dont le bas rouille à l'automne et éclairée de vastes ombelles jaune d'or. Toute la plante dégage un parfum d'anis lorsqu'on froisse feuillage ou fleurs, et en possède le goût. Délicieux dans les salades et la cuisine. La variété douce du fenouil (fenouil de Florence) produit un bulbe comestible très utilisé comme légume. On le cultive au potager, en plein soleil, avec assez de place pour qu'il se développe bien. Le fenouil forme des haies gracieuses et impressionnantes par leur beauté. Il se ressème spontanément en automne.

La santoline (*Santolina chamaecyparissus*)

Elle forme un petit buisson à fleurs jaunes au feuillage persistant couvert d'un duvet argenté, dense, dont l'odeur balsamique est très agréable. L'espèce aime le soleil et l'abri du vent.

Elle se contente d'une terre pauvre, voire caillouteuse. Seul le type est cultivé. Très décorative associée à d'autres plantes, notamment la lavande, la santoline est facile à tailler.

Les types de jardins, plantation et entretien

Généralités

Maison et jardin forment en général un tout indissociable qui implique que les proportions de l'une se trouvent en harmonie avec celles de l'autre. Si la demeure est vaste et ancienne, le terrain qui l'accompagne sera forcément assez grand et pourra même prendre l'allure d'un petit parc – et dans ce cas déjà arboré.

Si c'est une villa nouvellement construite ou une petite maison de banlieue, il sera sans doute plus modeste, nu ou à recréer. Ce qui est certain, c'est qu'un grand jardin semble plus facile à aménager qu'un petit jardin où toute erreur importante se repère au premier coup d'œil.

On classe les jardins en plusieurs types :

- jardin à la française, avec sa géométrie de plates-bandes fleuries aux bordures nettes s'organisant généralement autour d'un bassin ;
- jardin à l'anglaise libre et romantique dans lequel arbres, buissons et fleurs sont disposés, sans en avoir l'air, avec une grande discipline ;
- jardin de curé aux petits carrés bien ordonnés bordés de buis taillés ;
- jardin de rocailles ;
- jardin exotique ;

– jardin sauvage, non pas laissé à l'abandon mais peu structuré, laissant aux arbres, arbustes et plantes herbacées la plus grande liberté de se développer en paix, voire dans une anarchie contrôlée. C'est le jardin qui l'emporte aujourd'hui, car il se révèle plus facile à gérer.

Un jardin est une matière vivante en perpétuel renouvellement, et sa création toujours une aventure personnelle, avec ses erreurs et ses ratés qui forment l'expérience... Ces divers styles ne sont là que pour donner des idées permettant de structurer le jardin, de lui donner de la profondeur. Et d'ailleurs, la meilleure chose est de les mélanger.

Car un beau jardin ne naît pas par hasard. Il se construit peu à peu à force de patience, avec les éléments végétaux : pelouse, grands arbres, arbustes, haies, plates-bandes de fleurs, en tenant compte des éléments architectoniques, tels que portail, grille, tonnelle, allée, escalier, muret, bassin ou pièce d'eau, etc.

Dans le cas d'un grand jardin de senteurs, les styles jardin anglais et jardin sauvage sont à privilégier, parce qu'ils vont se composer essentiellement de buissons odorants isolés ou regroupés en massifs, mélangés avec d'autres espèces non parfumées, implantés sur une pelouse devant les arbres existants. Le sous-bois constitué par les arbres et buissons foisonnera au printemps de coucous, primevères, muguet et violettes. Pergolas, murs, grilles ou vieux arbres pourront héberger une plante grimpante qui n'en fera qu'à sa tête dans un joli désordre de fleurs. Les plantes aromatiques se regrouperont plein sud au pied des rosiers remontant le long d'un mur, mélangeant agréablement leurs senteurs. La pelouse sera parsemée au printemps de narcisses et de jacinthes ; tout cela ne demandant aucun soin particulier. Tandis que les plates-bandes prendront la relève dès le mois de juin dans une harmonie de camaïeux de rose, bleu et blanc : les pivoines, les iris, les roses, les phlox, les delphiniums, les lis, les roses trémières, les lupins, les grandes marguerites blanches... qui sont des fleurs persistantes et faciles à vivre. Toutes ne sont pas parfumées, mais il est toujours bon de panacher. Le plus gros travail est le désherbage avant la plantation, puis l'entretien s'il y a lieu.

Le mieux est de planter les massifs et plates-bandes à la façon anglaise : les plantes les plus hautes sur tige, puis la taille au-dessous, puis le couvre-sol. Ce dernier étage étant censé couvrir tout l'espace restant et éviter ainsi la prolifération de mauvaises herbes... Mais vous pouvez aussi recouvrir le sol d'un tapis de mulch qui facilite considérablement le fastidieux arrachage hebdomadaire.

Un petit jardin est plus difficile à organiser. On doit laisser de côté l'idée de grands arbres bruissants et se rabattre sur les arbustes et les buissons. Il en existe un vaste choix, et c'est sans doute ce qui va s'avérer le plus difficile.

Aussi munissez-vous d'un carnet, et esquissez en couleurs une ébauche de votre ensemble maison-jardin comme vous voudriez le voir aménagé pendant les quatre saisons. Imaginez la pelouse, les haies vous protégeant des voisins. Placez les arbustes qui vont s'y trouver installés pour longtemps en panachant les feuillages.

Puis rassemblez les plantes aromatiques afin de les avoir sous la main, et regroupez les fleurs persistantes dont les coloris et parfums vous conviennent. Ainsi aurez-vous une idée plus précise de ce dont vous avez besoin, ce qui vous évitera d'acheter au hasard, et de devoir arracher par la suite.

La plantation et l'entretien

C'est un moment important car de lui dépendra la réussite de votre jardin : il vous faut d'abord connaître la nature de votre sol afin de savoir ce qu'il acceptera. On classifie les sols comme suit : argileux, si la terre est lourde, colle au pied après la pluie et se fendille sous la sécheresse ; sableux et léger si l'eau s'y infiltre rapidement et ne laisse pas de trace ; calcaire, si elle se dessèche en été et si les cailloux remontent ; humifère et acide, si elle est noire et riche en humus.

Mais l'essentiel est de connaître au moins le taux d'acidité (pH) de votre sol, afin de pouvoir l'amender et le fertiliser. On trouve dans le commerce des kits d'analyse fiables et simples à utiliser.

La plantation des arbustes

On l'a vu, les arbustes sont indispensables à la décoration d'un jardin, de par leur diversité, leurs silhouettes, leurs couleurs de feuilles et de floraison. Certains sont caducs comme les rosiers et les seringats, d'autres persistants comme les lauriers et les houx. Il faut en tenir compte dans la beauté d'un jardin l'hiver, non seulement du feuillage, des fleurs et des fruits pour certains, mais aussi du graphisme des branches dénudées et des écorces.

Une fois les arbustes choisis et achetés (selon la saison à racines nues, en motte ou en container), le sol débarrassé de ses mauvaises herbes, et la distance calculée en fonction du développement futur de la plante, creusez un trou de 50 × 50 × 50 cm au moins un mois avant la plantation afin que la terre s'oxygène. Déposez la terre retirée au bord du trou et retournez-la plusieurs fois. Apportez les amendements nécessaires dans le trou (fumier bien décomposé ou engrais chimique, mais ne laissez pas les racines en contact direct avec l'amendement quel qu'il soit), ajoutez de la terre. Maintenez la plante verticale, le collet à ras du sol. Remblayez le trou soigneusement en entourant bien les racines. Tirez légèrement sur la tige en secouant un peu pour mieux répartir la terre et emplissez de nouveau en tassant bien. Laissez une cuvette au pied pour un arrosage

éventuel durant les premières semaines. Une fois bien mis en place, les arbustes poussent tout seuls. Leur système radiculaire profond n'exige pas d'arrosage trop fréquent, excepté pour quelques espèces, et ils sont peu en butte aux attaques de parasites graves. Ils auront besoin d'une légère taille d'entretien (bois mort, branches trop serrées au centre), sauf en ce qui concerne les rosiers qui demandent une taille et des soins bien spécifiques. Pour les protéger de la grande sécheresse pendant l'été, déposez au pied les coupes de gazon, et l'hiver de la paille ou des feuilles mortes – matériaux qui vont peu à peu se transformer en engrais.

La plantation des plantes grimpantes

Véritable jardin vertical, elles offrent une parure de choix aux murs, grilles, tonnelles... Certaines ont des ventouses comme la vigne vierge, d'autres des crampons comme le lierre et certains hydrangéas. Elles n'abîment les murs que s'ils ont des failles où les pousses se faufilent... Un mur impeccable n'a rien à craindre, mais il convient de les limiter en hauteur par une taille annuelle : les pousses ne doivent pas se faufiler jusqu'aux gouttières ou sous les toits. Les autres grimpantes sont des volubiles qui émettent des vrilles pour s'accrocher, comme les clématites et les glycines, mais, comme les rosiers aux formes dites grimpantes, ces plantes ont besoin d'aide pour les orienter, et les fixer au fur et à mesure de leur croissance.

Réfléchissez bien au lieu où vous allez implanter le chèvrefeuille ou la glycine, car ils auront besoin de place et de soleil. Le premier peut s'enrouler autour d'une grille ou grimper dans un arbre à feuillage léger. Mais la glycine, aura besoin d'un support fait exprès pour elle bien à l'avance : une sorte de potence en bois avec des barreaux où elle pourra s'accrocher et laisser pendre ses grappes odorantes, par exemple sur la façade de la maison, ou contre une grille (ou une tonnelle construite dans ce but).

Mieux vaut acheter ces plantes en container. Une fois le trou préparé (40 × 40 × 40 cm), à l'avance comme pour les arbustes, laissez le container tremper dans un seau d'eau quelques heures ; la motte sera plus facile à retirer. Posez-la dans le trou sans la briser, avec au fond l'amendement prévu pour un bon démarrage. Emplissez ensuite de terre en orientant la plante vers son support. Tassez bien. Il faudra retasser la terre après quelques jours. Les grimpantes ne demandent, elles aussi, que fort peu de soins : juste des tailles d'entretien et d'orientation. Si elles semblent végéter, un peu d'engrais liquide spécial à la fin de l'hiver leur donnera un coup de fouet.

La plantation des plantes aromatiques

Elles doivent se trouver dans tous les jardins, car elles sont belles, odorantes et riches en propriétés médicinales. De plus, elles sont extrêmement faciles à cultiver. Il leur suffit d'une exposition ensoleillée et d'une terre de jardin bien drainée pour pousser magnifiquement. Choisissez une plate-bande adossée à un mur situé plein sud, sur lequel grimpent déjà rosier, chèvrefeuille ou clématite (qui aiment avoir le pied au frais), non loin de la cuisine car vous les utiliserez chaque jour. Ou si vous préférez le style « jardin de curé » ou « jardin de simples style médiéval », placez les espèces une à une dans des petits carrés et cernez-les de buis.

Citons-en quelques-unes : fenouil, menthe, citronnelle, thym, mélisse, romarin, sauge, basilic, estragon, etc.

Leur culture se rapproche de celle des légumes. Commencez à l'automne par une bonne préparation du sol qu'il faut débarrasser des mauvaises herbes concurrentes, puis amendez-le en y incorporant du fumier bien décomposé.

Au printemps, égalisez et lissez bien le sol, tracez vos sillons, semez les graines, et recouvrez-les légèrement. Arrosez très finement. Lorsqu'elles commencent à pointer hors du sol, retirez celles qui semblent en surnombre. Il existe des rubans de graines à planter (basilic, ciboulette, persil) que vous découpez selon vos besoins, recouvrez de terre et arrosez. Ils évitent le gaspillage de graines.

Mais vous trouverez également en godet toutes ces plantes aromatiques, et il suffira de les mettre en place. Creusez un trou de 10 × 10 × 20 cm. Après avoir mis à tremper les godets dans un pot d'eau, retirez-les sans casser la motte et posez-la dans le trou. Ramenez la terre mélangée d'un peu de terreau et tassez au pied en laissant une cuvette pour l'arrosage, qui doit être abondant chaque semaine jusqu'à la reprise de l'enracinement.

Quelques mois après le semis, pincez les tiges pour les obliger à s'étoffer dès le départ. Plus tard, coupez-les au fur et à mesure des besoins, ce qui les rendra plus fournies ; mais sans excéder un tiers de la plante pour ne pas l'affaiblir.

Pour lutter contre les limaces, placez une petite bordure de cendre ou des pièges à bière. En août-septembre, récupérez les graines à replanter au printemps suivant, et en hiver arrachez les annuelles et coupez assez court les tiges ligneuses.

La plantation des fleurs

Elles font tout le charme du jardin. Que vous mélangiez les fleurs printanières ou estivales en taches multicolores, ou les réunissiez par massifs d'une seule couleur, l'effet est toujours réussi.

Il en existe trois sortes : les plantes à bulbe, les vivaces et les annuelles.

Les plantes à bulbe

La plupart fleurissent au printemps avec prolongation en été pour quelques variétés. On compte dans cette famille trois espèces particulièrement odorantes : la jacinthe, le narcisse et le cyclamen. Ces fleurs gagnent à être regroupées en massifs pour donner un effet fourni (jacinthes bleues côtoyant des tulipes roses ou jaune pâle) ou à se trouver dispersées en taches sur une pelouse, ce qui est ravissant avec les narcisses, et en sous-bois pour les cyclamens.

On plante des oignons sains et bien fermes, en automne, à une profondeur de deux à trois fois leur hauteur, en les espaçant de 15 à 20 cm, dans un sol bien drainé même pauvre et calcaire et en plein soleil. Attendez que les fleurs soient fanées avant de les couper, et que les tiges aient jauni pour les retirer (le temps que le bulbe se régénère) en prenant soin de ne pas arracher le bulbe qui dormira dans la terre, avant de redonner des fleurs au printemps suivant.

Parmi les bulbes d'été, les plantes les plus parfumées : le lis, la pivoine, le freezia. À rassembler en parterres en compagnie de delphiniums de toutes les teintes de bleu, Saint-Jean, lupins, campanules et iris, et de quelques rosiers. Tuteurez les pivoines et les delphiniums pour les empêcher de plier sous le poids des corolles. Plantez les bulbes des arums en masse dans une bonne terre profonde et riche, assez humide.

Enfouissez leurs bulbes en automne à une profondeur de 15-20 cm dans une terre de jardin préparée et amendée de terreau et de compost. Supprimez les fleurs fanées au fur et à mesure, mais ne coupez le feuillage qu'en fin de saison afin que le bulbe se régénère. Il redonnera des fleurs l'année suivante.

Parmi les bulbes d'hiver, le crocus, le perce-neige, le petit iris violet. Plantés en automne, ils vont donner les toutes premières fleurs au cœur de l'hiver. Ils ne sont pas ou à peine parfumés.

Les fleurs vivaces

Certaines fleurs vivaces odorantes fleurissent au tout début du printemps, comme le coucou, la primevère et la violette. Elles se trouvent idéalement placées dans l'herbe des sous-bois, ou des buissons où elles embaument.

Les autres fleurissent tout l'été, et ce pendant quelques années. Il en existe des quantités, toutes plus belles les unes que les autres et qui exigent assez peu d'entretien. Citons parmi les plus courantes : la rose trémière, la campanule, le pied-d'alouette, la marguerite Saint-Jean, le chardon bleu, l'anémone japonaise, la belle-de-nuit, etc. Elles sont à assembler dans les plates-bandes au pied des grands arbres, des buissons et des massifs. Parmi les plus parfumées : l'œillet des poètes, le géranium vivace, le phlox.

Les phlox font merveille en masse rose et violette. Plantez-les sous vos fenêtres, et leur parfum délicieux embaumera votre chambre.

L'œillet se tient mieux en vastes potées placées judicieusement (auprès de la porte d'entrée, par exemple) afin que l'on puisse humer leur fragrance dès l'arrivée chez vous. On le cultive plutôt comme une annuelle car sa forme est une touffe compacte assez peu harmonieuse, avec des épis partant dans tous les sens et dont la tige casse comme du verre.

L'espèce vivace du géranium, tapissante, trouve sa place en couvre-sol. Ses fleurs sont blanc rosé ou carmin, et son feuillage est persistant en hiver.

Ces fleurs sont à semer en février-mars sous abri jusqu'à ce qu'elles aient deux ou trois feuilles, puis à repiquer en place en avril-mai, ou à acheter en godet et à planter au printemps en espaçant les plants de 30 cm. Elles apprécient une terre riche, fraîche et bien drainée, mais se développent et fleurissent partout. Elles aiment le soleil mais aussi la mi-ombre. Pour les multiplier, il suffit de diviser la touffe tous les quatre à cinq ans, ce qui donne d'excellents résultats. Coupez après la floraison lorsque les feuilles sont fanées.

Les fleurs annuelles

Ce sont toutes les fleurs éphémères, bonnes pour compléter les massifs de fleurs et comme fleurs à couper. Celles qui sont basses sur tige sont également parfaites pour les potées. Dans cette catégorie on trouve le ravissant cosmos, la belle-de-jour, le souci, le

chrysanthème, le pavot de Californie, la lavatère, la lobélie, le pétunia, la sauge, la capucine, le zinnia, etc. Elles n'ont pas d'odeur particulièrement attrayante. Deux seulement dégagent un parfum : le tabac d'ornement et surtout le pois de senteur, absolument exquis.

Les graines se sèment facilement sous abri de février à avril, puis se repiquent en place, ou se sèment directement en pleine terre aussitôt après les gelées. Le pois de senteur gagne à l'être après qu'on ait mis les graines à tremper et qu'on les ait très légèrement entaillées pour aider la germination.

Plantez-les le long d'un grillage où les fleurs, qui ressemblent à des papillons de soie multicolores, pourront grimper. Fixez ce grillage contre un mur, une grille, en bordure d'un taillis de buissons. Ou semez-les dans une haie, elles y grimperont en s'accrochant aux branches.

Les fleurs annuelles ne demandent rien d'autre qu'un sol bien préparé et du soleil. On retire chaque jour celles qui sont fanées. L'avantage est qu'on peut en changer chaque année. À la fin de la floraison en automne, on récolte les graines puis on arrache tout pour nettoyer le massif à fond, et l'amender. Au printemps, on ressème.

FICHES PRATIQUES

Les fleurs

La violette (*Viola odorata*)

Description : cette annonciatrice du printemps est une jolie petite fleur vivace, légèrement velue, blanche ou bleu-violet intense, qui dégage un parfum exquis. Elle colonise les talus herbeux, les haies, les clairières, en touffes tapissantes.

Hauteur : 5 à 15 cm.

Floraison : fin février-mai. Plus tôt si on la protège du froid l'hiver.

Période de plantation : en automne, en godet.

Sol : terres riches mais légères et un peu humides.

Exposition : ensoleillée et mi-ombragée.

Multiplication : par semis et division des touffes en automne ou au printemps. Neuf pieds par mètre carré.

Utilisation : sous-bois, bordures, jardinières.

Soins : protégez-la des limaces après la pluie (bol de bière, bordure de cendre).

Particularité : la violette odorante fleurit tout l'hiver si elle est protégée des grands froids. Il se produit parfois une remontée de fleurs au cours du printemps, ou au début de l'automne.

La pivoine de Chine (*Paeonia lactiflora*)

Description : superbe herbacée vivace aux larges fleurs lumineuses. La 'Festiva maxima' d'un blanc pur est très parfumée.

Hauteur : 60 à 80 cm.

Floraison : mai-juin. De magnifiques fleurs blanches, roses ou cramoisies. Les blanches et les roses sont particulièrement odorantes.

Période de plantation : en automne ou au printemps après les gelées et pas trop profond (3 à 4 cm).

Sol : terre humide, riche et saine, bien drainée.

Exposition : ensoleillée ou mi-ombragée.

Multiplication : par division des touffes en août-septembre, avec précaution car elles sont fragiles.

Utilisation : fait de merveilleux massifs sur une pelouse. Idéale pour les bouquets qui embaument toute la maison.

Soins : coupez les tiges fanées juste avant l'hiver.

Particularité : comme la plante est casanière, ne la déplacez pas si elle fleurit bien là où elle est installée. Mettez un tuteur juste avant la floraison.

La jacinthe (*Hyacinthus orientalis*)

Description : bulbeuse aux fleurs en grappes dressées au-dessus d'un feuillage allongé, dont le frais parfum est enivrant.

Cette fleur peut être blanche, rose, bleue ou mauve.

Hauteur : 15 cm.

Floraison : au printemps.

Période de plantation : en automne. Un bulbe tous les 20 cm à 10 cm de profondeur. À renouveler tous les ans.

Sol : terre légère, sableuse.

Exposition : ensoleillée ou mi-ombragée.

Multiplication : par éclatement de bulbe.

Utilisation : en tache bleue unie sur une pelouse, en mélange avec des narcisses et des tulipes, en sous-bois, en jardinière, en vase.

Soins : protégez-la des limaces.

Le lis (*Lilium candidum*)

Description : plante rustique à bulbe, donnant de grandes fleurs blanches en trompette admirablement parfumées.

Hauteur : 50 à 100 cm.

Floraison : juin-juillet.

Période de plantation : au printemps ou en automne en sol enrichi de terreau ou de fumier bien composté, à 15-20 cm de profondeur. Paillez d'écorces de pin en été. Arrosage régulier jusqu'à la chute du feuillage.

Sol : léger et bien drainé.

Exposition : soleil et mi-ombre.

Multiplication : éclatement des bulbes. Les lis restent en place d'une année à l'autre.

Utilisation : plates-bandes, bouquets.

Soins : arrachez les tiges mortes lorsqu'elles sont fanées. Cela provoque l'éclatement du bulbe et l'apparition d'autres lis quelques années plus tard. S'allie en merveilleux massif avec les iris, les delphiniums et les pivoines.

Le narcisse (*Narcissus poeticus*)

Description : fleur rustique à bulbe blanche à petite couronne orange sur un cœur jaune. Très odorante.

Hauteur : 15 cm.

Floraison : avril-mai.

Période de plantation : bulbes mis en terre entre août et octobre.

Sol : fertile et léger, un peu humide mais bien drainé.

Exposition : ensoleillée et mi-ombragée.

Multiplication : par division des touffes. À repiquer assez espacés pour leur permettre de refleurir l'année suivante.

Utilisation : en masse sur une pelouse ; plates-bandes, bouquets.

Soins : coupez les tiges lorsqu'elles sont fanées.

Le cyclamen (*Cyclamen sp.*)

Description : petites fleurs en forme de papillon, blanches, roses ou rouges, s'épanouissant au bout d'une tige fine. Parfum intense. Les feuilles arrondies couvrent bien le sol.

Hauteur : 15 cm.

Floraison : d'août à octobre.

Période de plantation : plantez les bulbes en août et septembre très peu profond à 10-15 cm de distance.

Sol : bien drainé, riche en substances organiques.

Exposition : ombre et mi-ombre.

Multiplication : par plantation des bulbes (cormus) qui doivent dépasser légèrement du terreau.

Utilisation : plates-bandes, rocaille, sous-bois, au pied des arbres sur une pelouse.

Soins : coupez les tiges fanées.

Particularité : n'apprécie pas les transplantations.

Le phlox (*Phlox sp.*)

Description : herbacée touffue aux feuilles allongées vert vif, aux fleurs en touffes de couleurs variées très odorantes.

Hauteur : 80 cm et plus.

Floraison : tout l'été jusqu'à la fin de l'automne.

Période de plantation : toute l'année en container.

Sol : frais.

Exposition : ensoleillée.

Multiplication : se ressème naturellement. Division de la souche en automne. 4 à 5 pieds au mètre carré.

Utilisation : massifs par groupe de coloris.

Soins : coupez les tiges fanées, apportez de l'engrais.

Particularité : une plante sans problème, vraiment très facile à cultiver.

Le pois de senteur (*Lathyrus odoratus*)

Description : plante grimpante aux fleurs multicolores en forme de papillon qui dégagent un parfum exquis inoubliable.

Hauteur : de 2 à 3 m. S'accroche à un grillage.

Floraison : printemps-été.

Période de plantation : semis en mars sous abri. Repiquez en mai, ou semez en pleine terre après les gelées.

Sol : riche et frais.

Exposition : ensoleillée.

Multiplication : par semis échelonnés. Le pois vivace est sans parfum.

Utilisation : posez un grillage pour permettre aux plants de grimper en bordure du potager ou le long d'un mur. S'agrippent seuls dans les haies déjà constituées. Donnent de merveilleux petits bouquets multicolores et parfumés pour orner les chambres de la maison.

Soins : coupez les fleurs dès qu'elles sont fanées afin que d'autres les remplacent.

Particularité : avant de les mettre en terre, laissez tremper les graines quelques heures et entaillez-les légèrement pour favoriser la germination.

Le géranium (*Pelargonium 'Graveolens'*)

Description : fleur au feuillage très découpé de couleur vert grisâtre au fort parfum de rose. Les fleurs, petites et rose pâle, apparaissent de juin à octobre. Elles sont employées en parfumerie.

Hauteur : 15 cm.

Floraison : juin à octobre.

Période de plantation : au printemps, après les gelées, ou toute l'année en container.

Sol : riche et léger.

Exposition : plein soleil.

Multiplication : bouturage.

Utilisation : potées, parterres.

Soins : rempotez-le en fin d'hiver après avoir rabattu la touffe au tiers de sa hauteur ; installez-le au jardin fin avril au soleil, sur un passage, de façon à profiter de son parfum. Donnez-lui de l'engrais tous les 15 jours jusqu'à la mi-septembre. Ôtez les fleurs fanées pour faciliter le développement des autres.

Particularité : ce géranium est gélif. Maintenez-le en serre durant l'hiver.

Le muguet (*Convallaria majalis*)

Description : petites fleurs en forme de clochette sur de longues tiges fines, entourées de touffes de feuilles longues et pointues.

Hauteur : 15-20 cm.

Floraison : printemps. Fin avril, mai.

Période de plantation : en automne.

Sol : riche et frais.

Exposition : ombre ou mi-ombre.

Multiplication : par semis au printemps ou division des rhizomes (griffes) en automne. N'enterrez pas trop profond. Prévoyez vingt pieds au mètre carré pour un joli tapis.

Utilisation : sous-bois, parterres, potées, pied des arbres, délicieux bouquets.

Soins : coupez les tiges fanées.

Particularité : parfum intense.

Les arbustes

Le rosier (*Rosa gallica*)

Description : la reine de nos fleurs. Le rosier est un arbuste épineux cultivé sous de nombreuses formes et en d'innombrables coloris.

Hauteur : dépend du choix du rosier.

Floraison : de mai à l'automne. Jusqu'à l'hiver pour les remontants.

Période de plantation : en automne avec la motte, en container au printemps après les gelées.

Sol : de préférence riche en humus mais bien drainé. Le rosier n'est pas difficile sauf pour l'exposition.

Exposition : ensoleillée.

Multiplication : greffage ou bouturage.

Utilisation : tout est possible, de la palissade d'un mur à la treille, au buisson sur une pelouse, en couvre-sol, etc.

Soins : la taille d'entretien, la lutte contre les taches noires et l'oïdium.

Particularité : le choix est vaste. Tentez des rosiers remontants aux fleurs parfumées.

La glycine (*Wisteria floribunda*)

Description : liane grimpante au feuillage caduc vert clair.

Hauteur : peut atteindre plusieurs dizaines de mètres.

Floraison : d'avril à juin. De belles grappes de fleurs blanches, roses ou violettes au parfum très prenant.

Période de plantation : en automne en motte, au printemps en container.

Sol : sableux.

Exposition : ensoleillée.

Multiplication : bouturage ou marcottage.

Utilisation : pour embellir un mur, recouvrir une pergola, une tonnelle.

Soins : taillez pour supprimer les fleurs fanées et freiner sa croissance.

Particularité : la force de la glycine est telle qu'on déconseille de la laisser grimper sur une grille qu'elle tordrait. Installez-lui un support en bois.

L'aubépine (*Crataegus laevigata*)

Description : arbuste rustique épineux, couvert de fleurs odorantes au printemps, au feuillage et aux fruits très décoratifs en automne.

Hauteur : jusqu'à 8-10 m.

Floraison : mai.

Période de plantation : toute l'année en container.

Sol : tout sol convient, même calcaire.

Exposition : ensoleillée ou mi-ombragée.

Multiplication : semis en février-mars, bouturage ou marcottage.

Utilisation : haie ou isolée sur une pelouse.

Soins : taillez entre juillet et mars, éliminez les pucerons.

Particularité : sensible au feu bactérien.

Le seringat (*Philadelphus coronarius*)

Description : arbuste décoratif à floraison blanche abondante et parfumée.

Hauteur : jusqu'à 4 m.

Floraison : mai-juin.

Période de plantation : toute l'année en container, au printemps après les gelées.

Sol : tout est bon. Facile à cultiver.

Exposition : ensoleillée.

Multiplication : bouturage et marcottage à partir d'octobre.

Utilisation : massif sur pelouse ou isolé dans le jardin.

Soins : taillez après la floraison en ne conservant que les tiges longues, vertes et raides. Si la plante ne démarre pas, rabattez-la entièrement en mai. Elle repartira.

Particularité : les seringats à fleurs doubles exhalent peu de parfum.

Le lilas (*Syringa vulgaris*)

Description : arbuste à abondante floraison lilas ou blanche, à fleurs simples ou doubles, très parfumées.

Hauteur : jusqu'à 3 m.

Floraison : mai-juin.

Période de plantation : toute l'année en container. En hiver, avant ou après les gelées.

Sol : calcaire. Culture facile.

Exposition : ensoleillée.

Multiplication : bouturage. Quasi spontanée par rejets.

Utilisation : haies, massifs.

Soins : taillez les rameaux à fleurs mortes.

Particularité : rustique et envahissant.

L'églantier (*Rosa canina*)

Description : le rosier sauvage. Un arbrisseau épineux à tiges souples et minces armées d'épines, à jolies fleurs odorantes et légères.

Hauteur : 2 à 3 m.

Floraison : mai-juin. Remarquablement dense en fleurs à pétales roses ou blancs délicatement parfumées, et en fruits décoratifs.

Période de plantation : en automne avec la motte. Au printemps en container, après les gelées.

Sol : de préférence une bonne terre bien drainée.

Exposition : soleil et mi-ombre.

Multiplication : greffage ou bouturage.

Utilisation : buisson sur une pelouse, le long d'un sentier, haie.

Soins : taillez en automne et au printemps.

Particularité : plante très rustique et sans problème.

La lavande (*Lavandula angustifolia*)

Description : arbuste très aromatique en forme de larges touffes, à fleurs en épis dressés, de couleur bleue, lilas ou violette, à feuillage gris argent.

Hauteur : 60 cm.

Floraison : mi-juillet à octobre.

Période de plantation : au printemps.

Sol : légèrement sableux, sec, calcaire.

Exposition : ensoleillée, abritée du vent. Plutôt sèche.

Multiplication : semis ou bouturage en septembre.

Utilisation : massif et haies basses.

Soins : pour éviter la formation de bois, cultivez au sec d'avril à septembre. Taillez en juillet-août, époque de la récolte des fleurs, en donnant la forme d'une boule. Ne coupez pas les jeunes pousses de plus de 10 cm. Éliminez les fleurs fanées au fur et à mesure. Une taille sévère ne donne rien de bon.

Particularité : a besoin de beaucoup de chaleur. À réserver de préférence au Midi, mais on en trouve dans toute l'Europe.

Le jasmin (*Jasminum officinale*)

Description : liane sarmenteuse persistante à petites fleurs blanches odorantes. *Le Jasminum polyanthum* (réservé aux régions chaudes) est particulièrement parfumé.

Hauteur : 3 à 6 m.

Floraison : au printemps.

Période de plantation : au printemps après les gelées ou en automne.

Sol : indifférent mais plutôt sec.

Exposition : très ensoleillée et abritée.

Multiplication : par rejets spontanés.

Utilisation : pour recouvrir un portail, une tonnelle, une pergola où la plante s'enroule avec un bel effet.

Soins : taillez après l'hiver en éliminant les vieux rameaux.

Le chèvrefeuille (*Lonicera caprifolium*)

Description : liane grimpante au feuillage persistant ou caduc, aux fleurs légères très découpées, de couleur blanc crème rosé, au parfum capiteux.

Hauteur : 5 à 6 m et parfois plus.

Floraison : du printemps à l'automne selon les espèces. *Lonicera syringantha* forme un buisson aux très jolies fleurs roses dont le parfum évoque celui du lilas.

Période de plantation : au printemps après les gelées, en automne.

Sol : tous les sols.

Exposition : fleurit beaucoup au soleil, mais un peu d'ombre convient au pied.

Multiplication : par rejets spontanés.

Utilisation : portail, tonnelle, pergola, buisson, ou au pied d'un arbre.

Soins : rajeunissez le pied en éliminant les vieilles branches.

Particularité : parmi les espèces arbustives s'épanouissant au cœur de l'hiver, on recommande *Lonicera fragrantissima* aux petites fleurs crème au fort parfum sucré.

Le mimosa (*Acacia dealbata*)

Description : arbuste persistant au feuillage vert-de-gris fin et très découpé, et aux grappes de petites fleurs en forme de pompon jaune d'or très parfumées.

Hauteur : 3 à 8 m.

Floraison : de décembre à mars.

Période de plantation : en automne à racines nues ou au printemps en container, après les gelées.

Sol : riche et bien drainé. Ne supporte pas le calcaire. Dans une terre alcaline, choisissez des plants greffés sur *Acacia retinoides*.

Exposition : chaude, abritée, très ensoleillée.

Multiplication : il se ressème et drageonne naturellement au point de devenir envahissant là où il se plaît.

Utilisation : buisson isolé, haie, potée, fleurs à couper.

Soins : taillez. Lors de la plantation en pot, prévoyez un grand récipient car ses racines ont besoin de place.

Particularité : c'est une plante gélive à – 5 °C qui se plaît surtout dans le Midi.

Les plantes aromatiques

La menthe poivrée (*Mentha x piperita*)

Description : petite plante vivace à souche traçante, aux feuilles opposées, gaufrées et très odorantes.

Hauteur : 30 à 50 cm.

Floraison : épis violets visibles en été.

Période de plantation : semis en pleine terre de février à mars selon les régions. Toute l'année en container.

Sol : riche, frais et un peu humide.

Exposition : ensoleillée ou mi-ombragée. Ne craint pas le gel.

Multiplication : par division des rhizomes au printemps ou à l'automne.

Utilisation : cueillir les feuilles au fur et à mesure des besoins pour la cuisine, où elle agrémente bien les plats et les desserts, les cocktails, les thés. Dans le jardin elle est parfaite en potée, en jardinière et en couvre-sol car elle envahit tout.

Soins : coupez ras en fin d'hiver. Conservez au sec les feuilles une fois séchées pour les employer en tisane ou pour les bains.

Particularité : cette petite plante est terriblement envahissante. Mieux vaut la planter en jardinière enfouie dans le jardin.

Le basilic (*Ocimum basilicum*)

Description : petite plante du Midi, c'est le « pistou » très utilisé en cuisine et particulièrement odorant.

Hauteur : 30 cm.

Floraison : petites fleurs blanc rosé visibles en juin.

Période de plantation : semis en pleine terre de février à mars dans le Midi ou en terrine pour repiquer les plants au jardin après les gelées.

Sol : léger et assez riche.

Exposition : abritée des intempéries, très ensoleillée.

Multiplication : par semis.

Utilisation : les feuilles se cueillent au fur et à mesure des besoins. Elles sont très utilisées en cuisine (soupes, sauces, salades, ragoûts), comme antimoustique, pour parfumer tisanes et bains. Dans un jardin, cette plante trouve sa place dans le coin des aromates, mais aussi en touffes auprès des rosiers.

Soins : arrosez beaucoup, y compris les feuilles. Coupez ras, ou arrachez en fin d'automne.

Particularité : vous pouvez sécher les feuilles, mais elles perdront leur parfum. Mieux vaut les conserver au congélateur.

La coriandre (*Coriandrum sativum*)

Description : plante annuelle à tige vert brillant, à feuillage léger et à fleurs donnant de petits fruits ronds. Feuillage et fruits sont aromatiques.

Hauteur : 40 à 60 cm.

Floraison : ombelles blanc rosé en juin-juillet.

Période de plantation : semis en pleine terre de mars à juillet.

Sol : sableux, léger.

Exposition : plein soleil et abritée des courants d'air froids.

Multiplication : par semis échelonnés.

Utilisation : feuilles fraîches et graines séchées sont très utilisées dans la cuisine orientale et arabe. Le goût de cette plante est exquis, quoique inhabituel. On l'emploie dans les sauces, les salades, le gibier, les courts-bouillons. Dans le coin potager d'un jardin, elle forme de belles haies parfumées qui éloignent les pucerons.

Soins : arrachez-la en fin d'automne.

Le laurier-sauce (*Laurus nobilis*)

Description : arbuste à feuilles persistantes vert foncé et luisantes. Elles exhalent un parfum puissant lorsqu'on les froisse. Les petites fleurs crème et les graines noires en forme d'olive sont toxiques.

Hauteur : 10 m.

Floraison : au printemps.

Période de plantation : par semis au chaud, ou toute l'année hors gel en container.

Sol : meuble, léger.

Exposition : ensoleillée.

Multiplication : par bouturage en début d'automne. Drageonne facilement, il n'y a plus qu'à repiquer les plants.

Utilisation : très utilisé en cuisine pour ses vertus stomachiques et le goût particulier qu'il donne aux préparations (bouquets garnis, marinades, etc.). Agréable dans un coin de jardin car il est toujours vert. Cueillez les feuilles toute l'année selon les besoins.

Soins : paillez les jeunes pieds l'hiver. Taillez-le en fin d'automne pour l'empêcher de prendre trop de place.

Le romarin (*Rosmarinus officinalis*)

Description : arbrisseau à feuilles coriaces, étroites et linéaires, pointues et argentées sur le dessus.

Hauteur : peut atteindre 2 m.

Floraison : fleurs bleu clair de février à avril.

Période de plantation : par semis en automne ou au printemps. Toute l'année, hors gel, en container.

Sol : pauvre, aride, calcaire, bien drainé. Un sol trop riche lui ôte son parfum.

Exposition : très ensoleillée.

Multiplication : par bouturage.

Utilisation : stimulant et digestif, on l'emploie beaucoup en cuisine (poissons, grillades, sauces, légumes) ; en essence florale, c'est un tonique pour les bains.

Soins : taillez court et paillez l'hiver.

La sauge (*Salvia officinalis*)

Description : plante vivace ligneuse aux feuilles allongées, grisâtres et très odorantes, à fleurs mauves, roses, bleues ou blanches selon les variétés.

Hauteur : 40 cm.

Floraison : juin-juillet.

Période de plantation : se sème au début du printemps sous abri et se repique en fin de saison, ou se plante toute l'année, hors gel, en container.

Sol : supporte tous les sols, mais préfère les sols souples, riches et bien drainés.

Exposition : ensoleillée.

Multiplication : semis, division des touffes, bouturage ou marcottage.

Utilisation : les feuilles se récoltent avant la floraison. Elles sont plus agréables une fois séchées. On s'en sert en cuisine pour assaisonner les poissons, les viandes, les sauces, les farces et les légumes. Elle est stimulante, digestive, antisudorale. Ses propriétés médicinales sont reconnues. Elle embaume le coin du jardin où vous la placez.

Particularité : son arôme est plus fort lorsqu'elle pousse dans des terres calcaires, pauvres et sèches, très peu arrosées.

Le fenouil (*Foeniculum vulgare*)

Description : grande plante vivace aromatique qui pousse spontanément. À la fois plante condimentaire et décorative de par son feuillage léger, elle a vraiment sa place dans le jardin.

Hauteur : peut atteindre 2 m.

Floraison : larges ombelles jaune d'or de juin à septembre.

Période de plantation : semis en mars-avril sous abri. Repiquez les plantules en juillet.

Sol : sec et léger, pas trop alcalin, bien drainé.

Exposition : chaude et ensoleillée.

Multiplication : par semis. Se ressème spontanément.

Utilisation : en cuisine pour à son goût anisé (grillades de poisson et viande, courts-bouillons). Au jardin en massifs pas trop serrés. Dans le potager en haie.

Soins : supprimez les tiges fanées. Recueillez les feuilles, les graines et les bulbes en début d'automne, tout est bon.

Particularité : le cultivar 'Bronze' est d'une grande beauté avec son feuillage vert mousse qui tranche sur les tiges vert foncé et les ombelles d'or.

Le thym (*Thymus vulgaris*)

Description : petit arbuste vivace ligneux dont les nombreux rameaux dressés portent de minuscules feuilles grisâtres très aromatiques.

Hauteur : 50 cm.

Floraison : petites fleurs violettes visibles en été.

Période de plantation : semis en pleine terre au printemps après les gelées.

Sol : sec et rocailleux.

Exposition : très ensoleillée.

Multiplication : par marcottage.

Utilisation : on utilise les jeunes pousses de thym en cuisine (bouquet garni, grillades, ragoûts, soupes, sauces), ainsi que pour les tisanes et les boissons (en raison de ses propriétés médicinales). Cette plante est à la fois digestive, calmante et expectorante. Dans le jardin, placez-la en petits massifs au pied des rosiers, en bordures. Il existe des espèces ornementales.

Soins : taillez court en fin d'automne et paillez les plants en hiver.

Particularité : le thym à odeur de citron (*Thymus citriodora*) est particulièrement agréable.

L'estragon (*Artemisia dracunculus*)

Description : plante vivace buissonnante à tiges raides et dressées portant des feuilles lancéolées étroites et brillantes, très parfumées. Les fleurs vert pâle ne donnent pas de fruits.

Hauteur : peut atteindre 1 m.

Floraison : début d'automne.

Période de plantation : la plante stérile se reproduit par division des touffes au printemps. Toute l'année, hors gel, en container.

Sol : léger, frais et sec.

Exposition : ensoleillée et mi-ombragée.

Multiplication : division des touffes au printemps lorsqu'elles sont assez importantes.

Utilisation : coupez les tiges selon les besoins en cuisine. L'estragon s'emploie dans les sauces, les poissons, les rôtis, le poulet, les gelées. Il sert à aromatiser l'huile et le vinaigre. Il a sa place au jardin dans le coin des bonnes herbes.

Soins : taillez à l'entrée de l'hiver et protégez les pieds avec de la paille ou des feuilles mortes, ou mieux, plantez-le en pot et rentrez-le l'hiver à l'abri.

Particularité : les feuilles séchées perdent leur parfum. Conservez-les dans de l'huile.

Le cerfeuil (*Anthriscus cerefolium*)

Description : plante annuelle aux feuilles joliment découpées. Ses fleurs sont des ombelles blanches. Ses fruits sont de petites graines noires minces et allongées.

Hauteur : 30 à 80 cm.

Floraison : de février à mars.

Période de plantation : par semis en place de février à septembre.

Sol : peu exigeant mais léger et bien drainé.

Exposition : mi-ombragée.

Multiplication : semis en pleine terre de février à début septembre.

Utilisation : en cuisine, à récolter au fur et à mesure des besoins pour les soupes, les omelettes, les salades, les légumes. On l'ajoute de préférence finement haché en fin de cuisson pour préserver son arôme délicat. Il a sa place au jardin dans le coin des bonnes herbes.

Soins : arrachez-le en fin de saison.

Particularité : le cerfeuil est bien supérieur au persil frisé pour la saveur.

Adresses utiles

Jardin aux Plantes la Bouichère
Domaine de Flassian
11300 Limoux
Tél. : 04 68 31 49 94
www.labouichere.com

Jardin des senteurs et saveurs
Allée de la Combe Cailloux
16800 Soyaux
Tél. : 05 45 97 83 50
Site : www.soyaux.fr

Jardin des senteurs et des couleurs
Rue Ozenne
31000 Toulouse
Tél. : 05 61 73 03 55

L'Explorarôme
Lieu-dit le Tapissier
31540 Montegut-Lauragais
Tél. : 05 62 18 53 00
http://asquali.club.fr/index.htm

Jardin des senteurs
Domaine de Vort
63500 Orbeil
Tél. : 04 73 55 01 17

Le Jardin Parfumé
La Tour des Parfums
66500 Mosset
Tél. : 04.68.05.38.32
Site: www.mosset.fr

Jardin des Simples et des Senteurs
40, rue de Crimée
69001 Lyon
Tél. : 04 78 27 17 16

Capvignes - Le jardin des senteurs
394, route Henry-Fessy
69220 Saint-Jean-D'Ardières
Tél. : 04 74 66 62 78

Jardin des Senteurs
Place de Lirette
83830 Figanières
Tél. : 04 98 105 105
www.dracenie.com

Conservatoire national des plantes à parfum, médicinales, aromatiques et industrielles (CNPMAI)
Route de Nemours
91490 Milly-la-Forêt
Tél. : 01 64 98 83 77

Jardin des Senteurs
Square Dixmude
Boulevard Marceau
92700 Colombes
Tél. : 01 47 60 83 01
www.mairie-colombes.fr

Jardin des Parfums et des épices
7, chemin Forestier Mare-Longue
97442 Saint-Philippe
Île de La Réunion
Tél. : 02 62 37 06 36

JARDINERIES :

Côté Nature
www.cotenature.com

Delbard
www.delbard-direct.fr

Jardiland
www.jardiland.com

Truffaut
www.truffaut.com

Vilmorin
www.vilmorin.com

Vive le jardin
www.vivelejardin.com

Willemse
www.willemsefrance.fr

PORTAILS :

Jardy
www.jardy.net

Annuaire national des parcs et
jardins de France
www.lesjardinsdefrance.com

Comité des parcs et jardins de France
www.parcsetjardins.fr

Parcs et Jardins de France :
Portail du Paysage
www.jardinez.com/index.php

Les plus beaux jardins de France
www.lesplusbeauxjardinsdefrance.com

Association des parcs et jardins
en région Centre
www.jardins-de-france.com

Achevé d'imprimer
en janvier 2009
sur les presses de Grafiche Milani

Numéro d'éditeur : 10405
Dépôt légal : février 2009